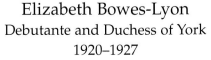

Elizabeth Bowes-Lyon
Debutante and Duchess of York
1920–1927

E1

E1

Plate 1

Plate 2

E1

E1

Plate 4

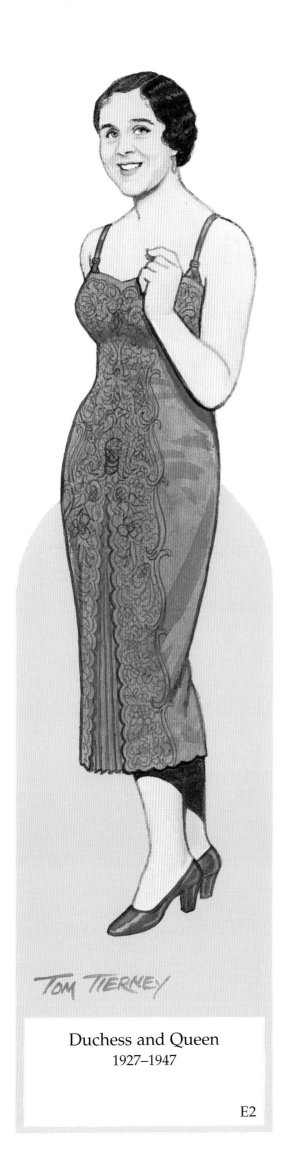

E2

E2

Duchess and Queen
1927–1947

E2

Plate 5

E2

E2

Plate 6

PA

Plate 7

E2

Plate 8

E2

E2

Plate 9

E2

E2

Plate 10

TOM TIERNEY

Queen Mother
1953–1970

E3

E3

Plate 11

E3

Plate 12

E3

E3

Plate 13

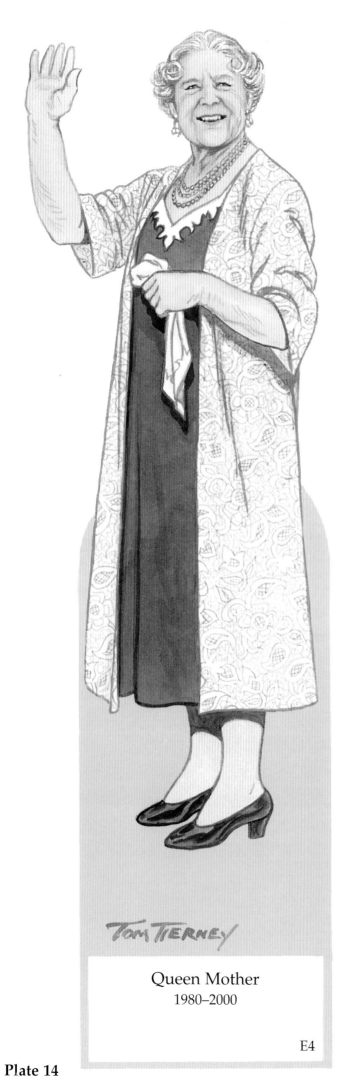

Tom Tierney

Queen Mother
1980–2000

E4

E4

Plate 14

E4

E4

Plate 15